AF267981

FRANÇAIS ET PRUSSIENS

ARMES BLANCHES ET ARMES A FEU

PAR

AD. CORTHEY

PRIX : **UN** FRANC

PARIS
IMPRIMERIE JULES DELORME
52, rue de Provence, 52

1887

FRANÇAIS ET PRUSSIENS

ARMES BLANCHES ET ARMES A FEU

PAR

AD. CORTHEY

PRIX : **UN** FRANC

PARIS
IMPRIMERIE JULES DELORME
5 2, rue de Provence, 5 2

1887
Tous droits réservés.

DU MÊME AUTEUR :

LE FLEURET ET L'ÉPÉE

ÉTUDE

Prix : UN franc

FRANÇAIS ET PRUSSIENS

ARMES BLANCHES ET ARMES A FEU

PRÉFACE

<A FÉRY D'ESCLANDS,

Cher ami,

Voulez-vous me permettre de vous dédier ces quelques notes, parues récemment dans un journal (1), et que je viens de réunir sous forme de brochure.

Ce n'est point un travail historique sur les épées, sabres, piques, baïon-

---

(1) *Moniteur officiel de l'escrime et de la gymnastique*, 20 novembre et 5 décembre 1886.

nettes anciennes et modernes comparées aux fusils, carabines, canons et pistolets, depuis leur origine jusqu'à nos jours.

J'ai voulu seulement, à propos des bruits de guerre récents, mettre en regard les aptitudes opposées de deux nations et au sujet de deux catégories d'armes.

« Nous sommes à la veille d'une guerre et pas de fusil à répétition! Nous n'avons pas de fusil à répétition! Et nos ennemis auront sept coups, treize coups, dix-huit coups à tirer pendant que nous un seul.

» Avec une pareille arme, quelle

horrible pétarade nous allons entendre! Quelle pluie de plomb nous allons recevoir.

» Ce sera miracle si des nôtres il en réchappe. »

Voilà ce qu'on entendait répéter partout dans les rues et dans le monde, dans les cercles et dans les salons.

En France, nous sommes sujet à ces paniques.

Le fait est que le fusil nouveau modèle fera un terrible bruit dans la bataille ; reste à savoir s'il fera beaucoup de mal.

Jadis, les Chinois allaient au combat précédés de diverses sortes de paravents sur lesquels étaient peints d'affreux dragons et d'autres monstres horribles à voir; ils espéraient ainsi effrayer leurs ennemis en s'adressant à leurs yeux; le fusil à répétition pourrait bien n'être terrible que pour nos oreilles.

Vous connaissez le vieil axiome du fantassin :

« Pour tuer son homme il faut lui envoyer son poids de plomb » ; c'est probablement la charge d'un mulet qu'il faudra lui envoyer maintenant.

Assurément le Gras, tel qu'il est, laisse beaucoup à désirer, considéré uniquement au point de vue du tir,

il est inférieur au Martini, au Winches-
ter, au Vetterli, ou au Remington, de
façon qu'un armurier connu a pu dire :

» C'est de toutes les armes à feu la
meilleure pour combattre..... à la
baïonnette. »

Mais qu'est-ce que cela nous fait !

Calino pourrait dire à son tour :

« Il serait meilleur qu'il n'en vau-
drait pas mieux.... » Dans nos mains
s'entend.

C'est là précisément l'objet de ma
petite brochure.

Je cherche à prouver que doués par
la nature pour la lutte corps à corps,
nous serons toujours inférieurs dans le

combat à distance et que nous ferions mieux de développer les aptitudes que nous avons au lieu d'exercer les facultés que nous n'avons pas.

« Ne forçons pas notre talent », a dit Lafontaine. Et ce n'est pas l'arme qui fait le soldat.

Dans les mains d'un bâtonniste le manche à balai de la mère Michel sera cent fois supérieur au revolver Smith et Wesson manié par le premier bon bourgeois venu.

On remarquera, du reste, que les batailles les plus sanglantes qui aient jamais eu lieu, sont celles livrées par les anciens Romains dont l'arme principale était l'épée, laquelle en réalité n'était pas autre chose qu'un fort couteau.

Et l'on pourrait citer Inkerman comme l'une des plus effroyables boucheries de notre époque toute moderne ; parce que là, Français et Russes, serrés dans un étroit espace, mêlés, confondus, corps à corps, en étaient arrivés à se prendre à la gorge.

Aussi aurait-on le droit de dire contrairement à l'opinion du vulgaire que plus l'arme est capable de tuer de loin moins elle est meurtrière.

Recevez, cher ami, mes plus cordiales poignées de main.

AD. CORTHEY.

FRANÇAIS ET PRUSSIENS

ARMES BLANCHES ET ARMES A FEU

Tout récemment, il s'est produit chez nous une vive émotion. Le ministère allemand qui avait besoin d'un vote et les boursiers français qui avaient besoin de quelques écus, ont crié avec un ensemble qui fait honneur au patriotisme des derniers qu'une guerre était imminente.

L'opinion populaire s'est agitée et des lamentations se sont fait entendre aux quatre coins de la France.

« Quoi s'est écrié le gros public, en ce moment où la victoire est à celui qui tire le plus vite et le plus loin, nous n'avons pas d'arme perfectionnée d'après les plus récentes inventions; nous sommes perdus. »

Il faut pourtant qu'on le sache; on aurait tort de parodier cette maxime connue en disant :

« Hors le tir point de salut ! »

Un très bon tireur peut faire un très mauvais soldat.

Et les essais tentés par le général Cornat, aux grandes manœuvres du 18ᵉ corps, et les instructions, données aux troupes par le nouveau règlement pour l'infanterie, semblent indiquer que les officiers intelligents pensent surtout trouver la victoire dans le développement de nos aptitudes nationales.

La force des Allemands peut reposer sur l'emploi *des armes à feu*, celle des Français résidera toujours dans le maniement de *l'arme blanche*.

Avouons-le franchement, le tir, le *tir de précision* principalement, est celui de tous les exercices du corps auquel nous sommes le moins propres.

Affaire de tempérament et de race.

Devons-nous en avoir honte ? du tout. Faut-il nous en désoler ? pas le moins du monde.

La cible, cet objet inerte, cette chose immobile que l'on voit à peine et qui ne se défend pas, ne dit rien du tout à notre caractère vif, impétueux, amoureux du mouvement et de la lutte.

Faire de petits trous, en tirant dans une toile ou un carton, ne représente pas pour nous un exercice beaucoup plus intéressant que celui qui consiste à faire de grands ronds dans l'eau en crachant dans un puits.

Les Gaulois, nos ancêtres, n'avaient guère d'armes de jet et s'en souciaient peu ; les Francs, qui nous ont légué leur nom et aussi quelques gouttes de leur sang, ne lançaient que l'*angon* (le javelot) et leur terrible hache. Ce n'était pas précisément ce qu'on pourrait appeler des armes à longue portée.

Les Grecs, eux aussi, avaient un profond mépris pour l'arc : l'Iliade en témoigne, et le mot de Léonidas le prouve. Combattre de loin, à coups de flèches, c'était bon pour des Perses, des gens qui portaient la robe, des hommes qui s'habillaient comme des femmes.

Les Romains, non moins belliqueux mais plus pratiques, faisaient venir de la Numidie et des Iles Baléares des troupes légères pour manier l'arc et la fronde, comme plus tard, au moyen âge, les rois de France entretenaient des arbalétriers

Génois. Ils ne daignaient pas employer eux-mêmes d'autres armes que leurs grands couteaux et leurs courtes lances.

Ces peuples divers, mais semblables entre eux par la bravoure, par les qualités de leurs muscles et de leurs nerfs, comprenaient instinctivement que leur supériorité dans le combat consistait dans la puissance et la rapidité de leurs coups.

Bayard, si l'on en croit la légende, le chevalier sans peur et sans reproche, qui, dans les villes mises à sac, plaçait sous sa protection les filles exposées à être mises à mal, faisait pendre sans scrupule les arquebusiers qu'il pouvait capturer, tant l'homme qui combat de loin et sans se montrer, lui semblait lâche, méprisable et absolument indigne de merci.

Le tir *à longue portée*, on ne saurait trop le répéter, que ce soit avec un arc, une arbalète ou un fusil, exige de celui qui veut le pratiquer avec succès, un caractère calme, un tempérament froid, un sang peu violent, une forte dose de lymphe et l'absence absolue de nerfs.

De façon que si le meilleur tireur était nécessairement le meilleur militaire, on pourrait dire jusqu'à un certain point que pour être un soldat accompli, il suffit de n'être pas tout à fait un homme.

Après les Chinois, c'étaient donc bien les Allemands qui devaient inventer la poudre.

Graisseux et lourd, tenant de la femme par certains côtés de son tempérament, l'Allemand, malgré sa haute taille et ses formes épaisses, aura toujours une infériorité marquée dans le combat d'homme à homme.

Aussi ne saurait-on parler de l'escrime

allemande. Elle n'existe pas. Car on ne peut donner ce nom à l'exercice enfantin du *schleger*.

On connaît ces duels grotesques à la rapière dans lesquels le coup de pointe est interdit. Moins redoutable que l'assaut lui-même, les adversaires cuirassés, matelassés, casqués avec une sage prudence, n'y risquent guère que l'extrémité de leur nez.

Et si l'on trouve plus de vivacité dans certaines parties de la Prusse que dans le reste de l'Allemagne, il faudrait, paraît-il, l'attribuer à la forte dose de sang que les réfugiés de l'Edit de Nantes y ont apportée.

De sorte que l'on pourrait dire en parodiant le mot de Gavarni : « Ce qu'il y a de plus fort dans le Prussien, c'est... le Français. »

En effet, nul n'est plus propre que le Français au combat corps à corps.

Sanguin et nerveux à la fois, les nerfs lui donnent cette rapidité de conception et cette promptitude d'exécution nécessaires dans toutes les luttes et dans toutes les escrimes pour trouver le côté faible de son ennemi et en profiter ; le sang lui donne un élan presque irrésistible : sa charpente osseuse, développée en largeur plutôt qu'en hauteur, sa musculature d'un relief extraordinaire et presque indéfiniment perfectible lui permettent des efforts énormes.

Qu'on lui donne une épée ou un sabre, une canne ou un bâton, une pique ou un fusil à baïonnette ; qu'on le laisse à ses seules armes naturelles : les pieds et les poings ; ou même qu'on lui interdise de frapper d'une façon quelconque pour lui laisser seulement la ressource de renverser son adversaire par de simples prises, il ne trouvera pas d'antagonistes sérieux.

On n'a pas assez remarqué que les lutteurs et les hercules de profession, du reste presque tous de moyenne ou même de petite taille, sont tous Français.

Il est vrai que la plupart des gens s'écrient : « A quoi bon cette force qui « brise, cette agilité qui bondit, cet élan « et cette vivacité que rien n'arrête ; à « quoi servent ces qualités soi-disant « chevaleresques d'autrefois ! L'art de la « guerre est aujourd'hui une sorte de jeu « de colin-maillard. Le combat n'est plus « que la lutte de machines très perfec-« tionnées qui expectorent une pluie de « projectiles dans la plaine, comme le « piano tourmenté par l'artiste en vogue « répand ses notes en grêle dans un salon.

« Nous avons des armes qui portent « plus loin que la vue et dont vous

« n'entendez le coup qu'après l'avoir reçu.
« De manière que s'il fallait jadis voir
« son ennemi pour le tuer, il faut aujour-
« d'hui le tuer pour le voir. »

Telle est l'opinion de la foule.

Et il faut ajouter qu'à la suite de la guerre de 1870, il s'est fait dans nos cerveaux des raisonnements incongrus et des syllogismes baroques.

Passant d'un extrême à l'autre et délaissant la légende de la *furia francese* et de la charge à la baïonnette, nous l'avons remplacée par celle de l'obus et du fusil à aiguille.

Les Allemands avaient beaucoup usé du tir; ils nous avaient vaincus; donc c'était au tir qu'était due leur victoire.

Par un raisonnement non moins instinctif et aussi intelligent peu s'en est fallu que nous n'abandonnions notre uniforme et que nous n'adoptions leur coiffure.

Car il est évident qu'ayant été battus en casquette, nous ne saurions être victorieux qu'en casque.

On ne pourrait trop le répéter cependant, et les gens du métier le savent bien : si l'habileté au tir est un élément de succès pour une armée, ce n'est qu'un élément parmi beaucoup d'autres et qui ne saurait suppléer à tous.

Pour le prouver, il serait facile de multiplier les exemples. En voici un :

La Suisse est incontestablement, de tous les pays de l'Europe, celui où l'on s'occupe le plus des armes à feu, où l'on tire le plus et où l'on tire le mieux.

Là, l'exercice du tir est réellement national.

Là, pas de village sans une cible, pas de citoyens sans carabine et pas de bonne fête sans carabiniers.

Or, il y a un certain nombre d'années, la Suisse, comme l'Amérique plus tard, eut aussi sa guerre de sécession.

Cette fois ce n'était pas pour les nègres que l'on se battait, c'était à propos des Jésuites.

250,000 hommes environ furent mobilisés des deux parts, et parmi eux une vingtaine de mille carabiniers, soldats triés, choisis avec soin et pourvus d'armes d'une justesse incomparable.

La campagne dura tout un hiver, pendant lequel plusieurs combats furent livrés.

Le résultat de ces combats, entre gens si habiles tireurs, devait être un effroyable carnage : *soixante* morts, *quatre cents* blessés, tel fut le bilan des hommes mis hors de service pour l'armée fédérale ; un nombre un peu moindre pour les séparatistes : 126 blessés et 14 morts.

La montagne accouchait d'une souris et les montagnards accouchèrent d'une constitution.

Six cents hommes hors de combat ! Sur cent, ce n'était pas un quart d'homme.

Ce résultat ne ressemble que d'assez loin à celui de Gravelotte où la Garde blessa ou tua *dix-sept mille* Prussiens.

Il est vrai qu'un homme d'Etat des 22 cantons l'expliquait en disant que, dans le premier cas, chaque homme en visant son ennemi n'oubliait pas qu'il allait tirer sur un frère.

Ce qui est certain, c'est que cette Garde, qui avait fait des Allemands une si effroyable boucherie, aurait fait une piteuse figure en face de cibles pacifiques et à côté des tireurs helvétiens.

Mais c'était la Garde, c'est-à-dire une vieille troupe surabondamment entraînée et admirablement disciplinée, tandis que l'armée suisse des deux partis n'était composée que de milices possédant assurément du courage, du patriotisme et de la bonne volonté, mais n'ayant qu'un peu plus de discipline que la garde nationale et pas davantage d'entraînement.

« Entraînement et discipline ! » le Ministre de la guerre devrait faire graver ces deux mots en caractères de bronze sur les portes de toutes les Ecoles militaires et des casernes ; de même qu'Harpagon voulait faire inscrire en lettres d'or, au dessus de sa table, cette phrase : Il ne faut pas vivre pour manger. »

Entraînement et discipline ! Toutes les considérations de Montesquieu sur la grandeur et la décadence des Romains tiennent dans ces deux substantifs.

Les vainqueurs du Monde n'étaient en effet que des soldats très disciplinés et très entraînés, et ils furent vaincus par tout le monde dès qu'ils se relâchèrent de l'entraînement et de la discipline.

Or, malgré le canon Krupp et le fusil se chargeant par la culasse, les conditions générales de la guerre ne sont pas sensiblement changées, et ce qui était applicable à la Rome de Jules César, est encore vrai pour la France de M. Jules Grévy.

Donc, certains de pouvoir donner à notre armée une discipline égale à celle des meilleures troupes, nous aurons toujours l'avantage, en ce que, chez nous, le soldat est, par sa constitution même, par son tempérament et par son caractère, capable de surpasser de beaucoup tous les autres par le degré d'entraînement.

Mais pour cela il faut que le métier militaire soit bien réellement un métier. Il faut qu'il soit le plus honorable et le plus honoré; il faut qu'on le recherche et qu'on le rémunère comme il le mérite.

Cependant, poussés par un courant d'idées que nous n'avons pas à discuter ici, nous tendons à abolir la carrière des armes, à transformer le soldat de profession en soldat amateur, à remplacer l'armée par la foule en armes.

On n'en est pas encore complètement arrivé là, mais on y arrivera.

En attendant, on appelle un jeune homme à vingt ans; on va le garder trois ans, puis on le congédiera en se bornant à le rappeler deux fois 28 et 13 jours.

Or, en France, le jeune homme ne prend guère de forces qu'à partir de 23 ou 24 ans, et c'est le moment où il quittera l'armée.

Il deviendra réellement propre au service précisément le jour où on le renverra du service, comme le cheval légendaire qui mourut juste au moment où il commençait à s'habituer à ne plus manger.

On demandait à Newton comment il était parvenu à faire ses sublimes découvertes : — « En y pensant toujours », répondit-il.

Chaque soldat n'a pas besoin d'être un Newton, mais il a besoin de penser toujours à ce qu'il fait pour le savoir bien faire.

On ne confie pas le livret d'un grand opéra à un musicien amateur, les pièces d'un gros procès à un avocat d'occasion, la construction d'un monument à un architecte de hasard; et l'on voudrait livrer le plus précieux de ce que nous possédons : la défense de notre territoire et la garde de notre patrie, à un Monsieur qui ne s'occupe de *cet article* que 28 jours par an !

Mais ce Monsieur, si honnête qu'il soit, à peine en campagne, ne gardera qu'une chose... son lit.

Il est vrai qu'on vous répond : «Lorsque la grande voix du pays vous appelle... le courage... le patriotisme...»

Le courage ! mais il en est du champ de bataille comme du champ clos, de la guerre comme du duel. Et en duel, tout le courage du monde se brise contre vingt ans de salle d'armes.

Le patriotisme ! le patriotisme peut vous pousser au sacrifice de votre vie et de votre fortune, mais il n'apprend pas à résister à la fatigue d'une marche. Le patriotisme se fait trouer la poitrine comme Winkelried ou comme le chevalier d'Assas; il se fait sauter comme le voulait faire Daumesnil et comme le fit Pietro Mica; mais il succombe sous le sac et la marmite qu'il porte depuis trois jours et ne se tient pas debout sur ses ampoules.

Il est beau de savoir se faire tuer, mais il est plus utile de pouvoir tuer les autres.

La phrase «tout le monde soldat» a fait son chemin; pourtant il faut bien le dire la doctrine de la nation armée ne fera qu'une France désarmée.

Et en voulant posséder une grosse troupe, on n'aura rassemblé qu'un grand troupeau.

PARIS. — IMPRIMERIE J. DELORME, 52, RUE DE PROVENCE, 52. 30-7.

DU MÊME AUTEUR :

LE FLEURET ET L'ÉPÉE

ÉTUDE

Prix : UN franc

PARIS. — IMPRIMERIE J. DELORME, 52, RUE DE PROVENCE, 52. 30-7.